A00

A01

A02

A03

A04

A05

A06

A07

A08

A09

A10

A11

A12

A13

A14

A15

A16

A17

A18

A19

A20

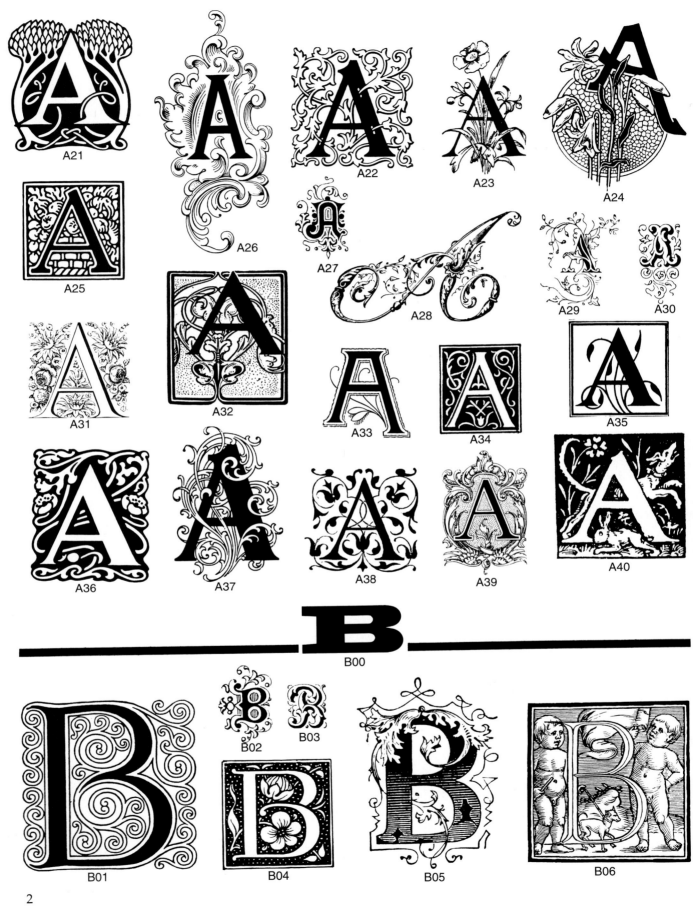

A21

A22

A23

A24

A25

A26

A27

A28

A29

A30

A31

A32

A33

A34

A35

A36

A37

A38

A39

A40

B00

B01

B02

B03

B04

B05

B06

B07

B08

B09

B10

B11

B12

B13

B14

B15

B16

B17

B18

B19

B20

B21

B22

B23

B24

B25

B26

B27

B28

B29

B30

B31

3

C00

C01

C02

C03

C04

C05

C06

C07

C08

C09

C10

C11

C12

C13

C14

C15

C16

C17

C18

C19

C20

C21

C22

C23

C24

C25

C26

D00

D01

D02

D03

D04

D05

D06

D07

D08

D09

D10

D11

D12

D13

D14

D15

D16

D17

D18

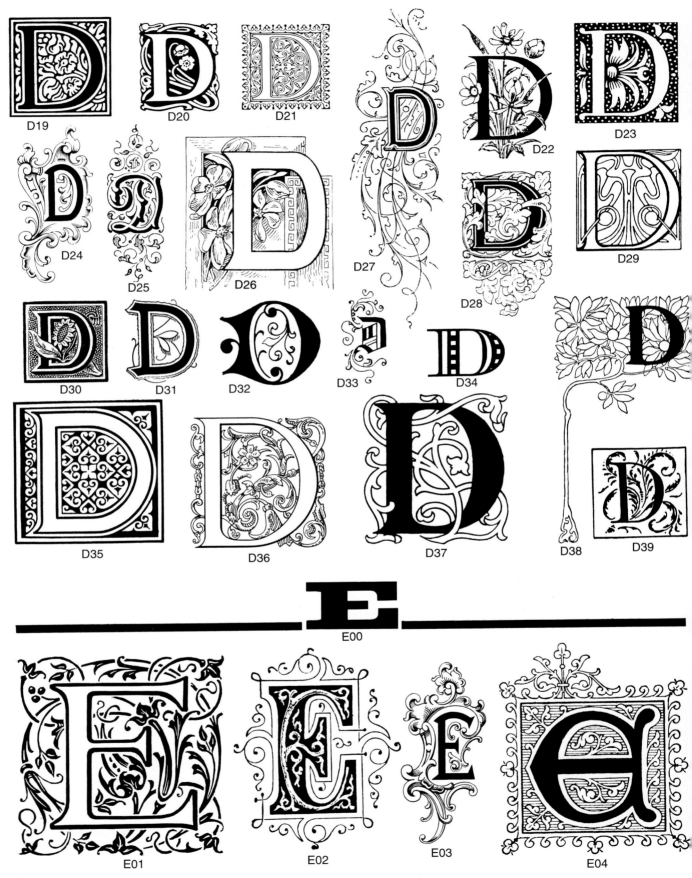

D19 D20 D21 D22 D23 D24 D25 D26 D27 D28 D29 D30 D31 D32 D33 D34 D35 D36 D37 D38 D39

E00

E01 E02 E03 E04

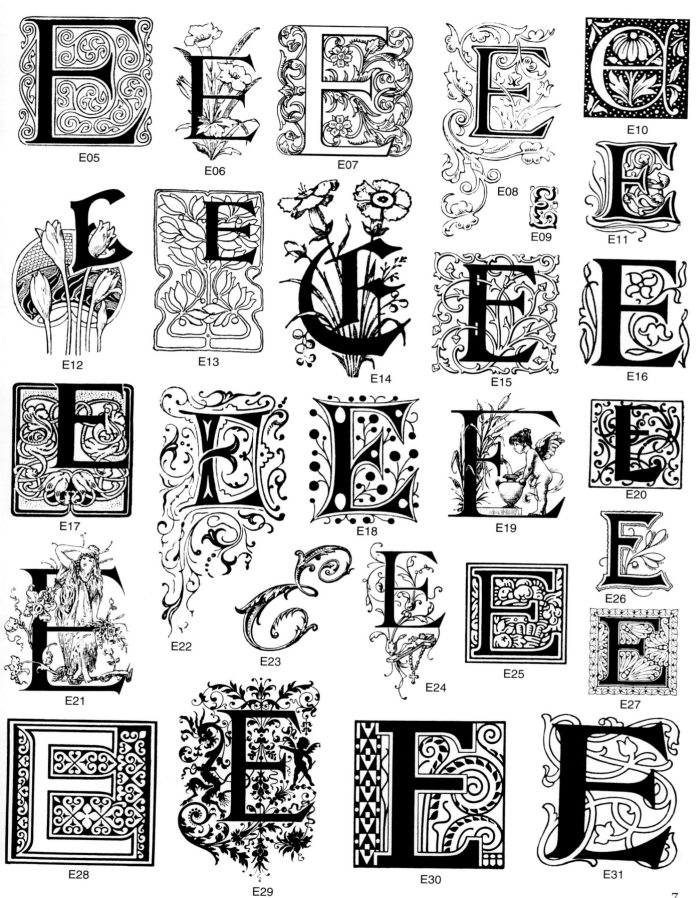

E05

E06

E07

E08

E09

E10

E11

E12

E13

E14

E15

E16

E17

E18

E19

E20

E21

E22

E23

E24

E25

E26

E27

E28

E29

E30

E31

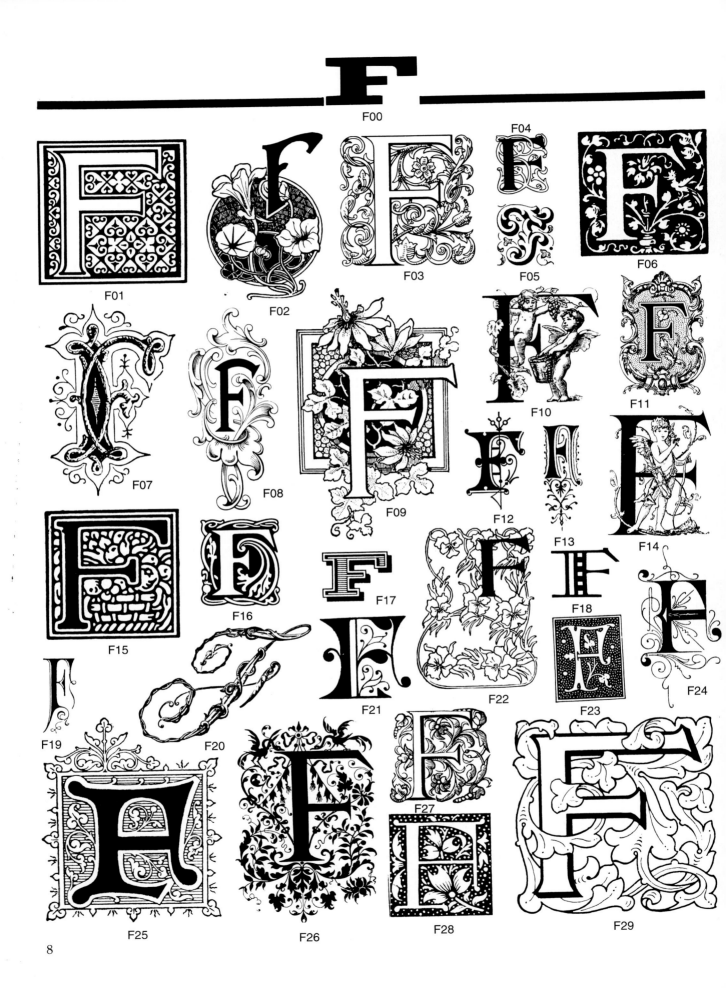

F00

F01

F02

F03

F04

F05

F06

F07

F08

F09

F10

F11

F12

F13

F14

F15

F16

F17

F18

F19

F20

F21

F22

F23

F24

F25

F26

F27

F28

F29

G00

G01

G02

G03

G04

G05

G06

G07

G08

G09

G10

G11

G12

G13

G14

G15

G16

G17

G18

G19

G20

G21

G22

G23

G24

G25

G26

G27

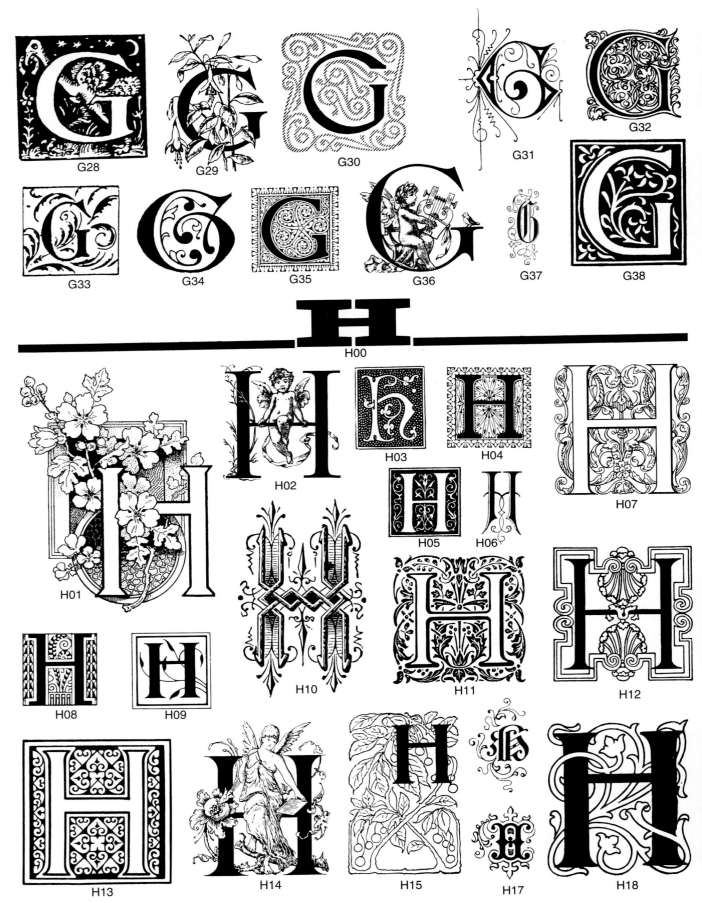

G28   G29   G30   G31   G32

G33   G34   G35   G36   G37   G38

H00

H01   H02   H03   H04   H05   H06   H07

H08   H09   H10   H11   H12

H13   H14   H15   H17   H18

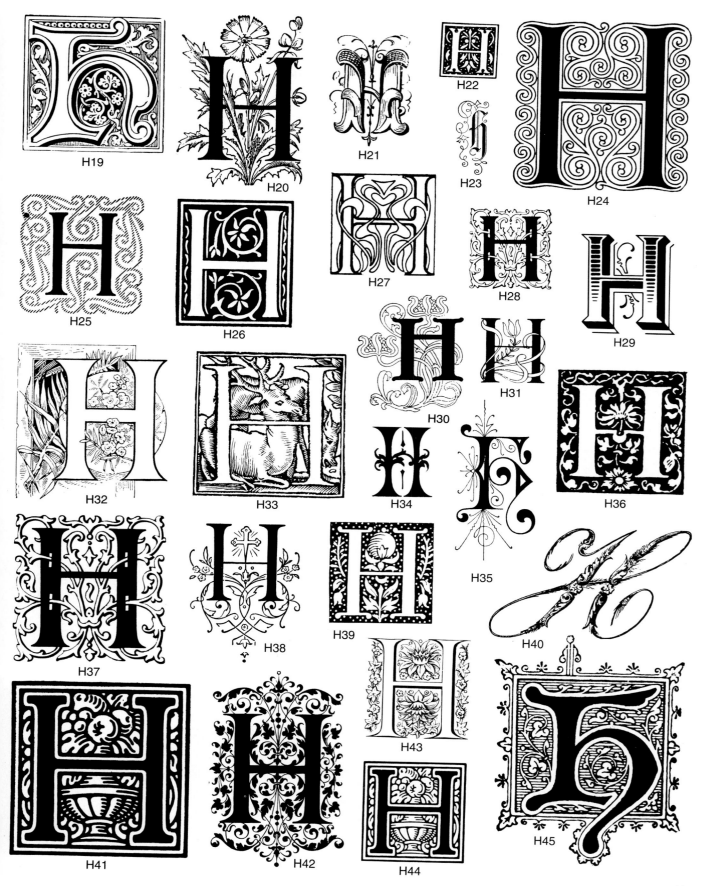

H19   H20   H21   H22   H23   H24

H25   H26   H27   H28   H29

H30   H31   H32   H33   H34   H35   H36

H37   H38   H39   H40

H41   H42   H43   H44   H45

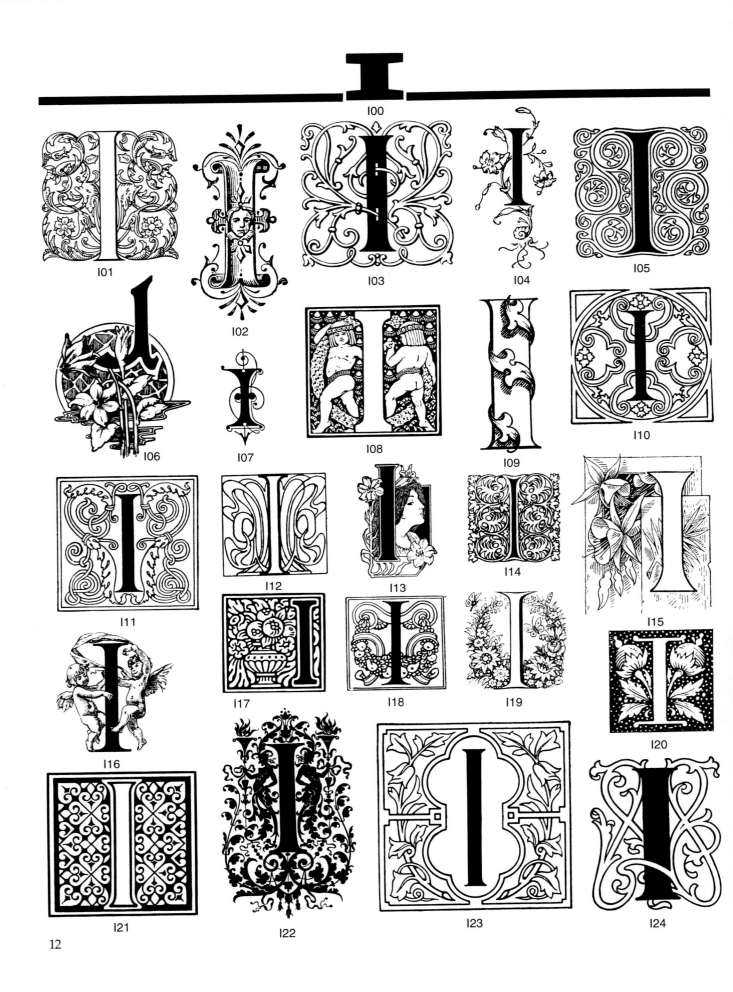

100

101

102

103

104

105

106

107

108

109

110

111

112

113

114

115

116

117

118

119

120

121

122

123

124

J

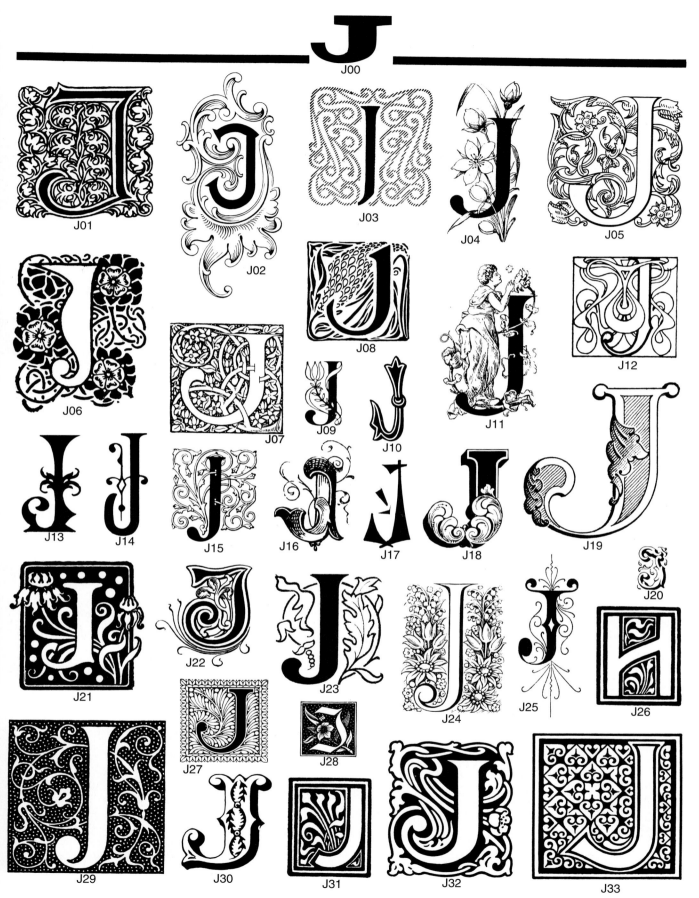

J00

J01 J02 J03 J04 J05 J06 J07 J08 J09 J10 J11 J12 J13 J14 J15 J16 J17 J18 J19 J20 J21 J22 J23 J24 J25 J26 J27 J28 J29 J30 J31 J32 J33

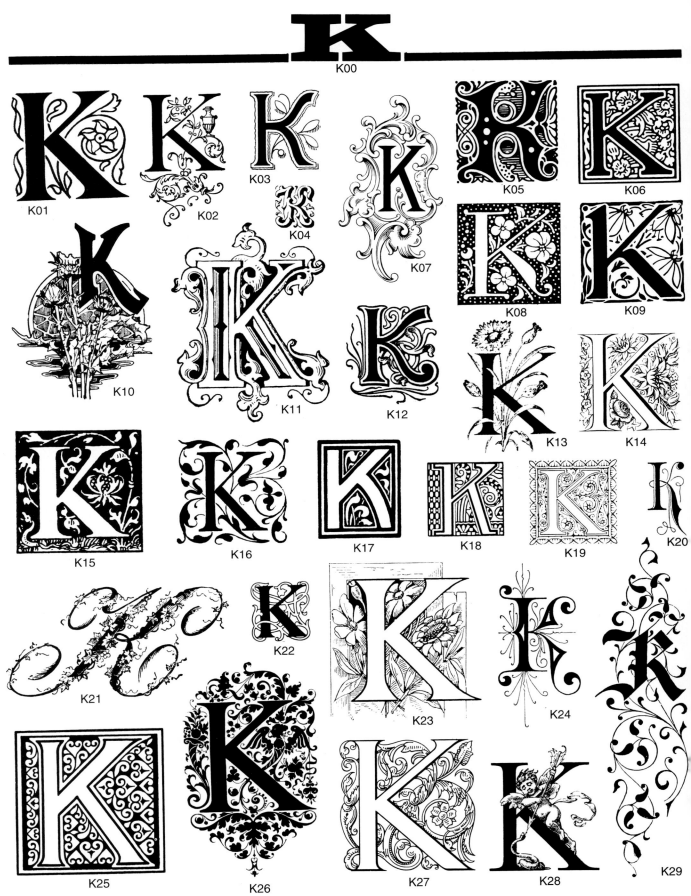

K00

K01 K02 K03 K04 K05 K06 K07 K08 K09 K10 K11 K12 K13 K14 K15 K16 K17 K18 K19 K20 K21 K22 K23 K24 K25 K26 K27 K28 K29

14

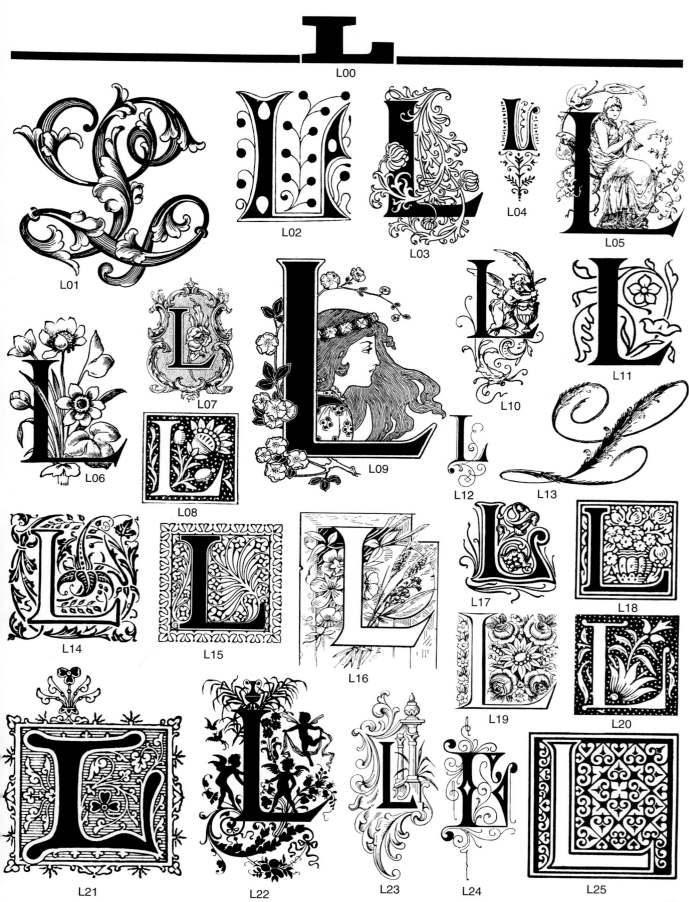

L00

L01 L02 L03 L04 L05

L06 L07 L08 L09 L10 L11

L12 L13

L14 L15 L16 L17 L18

L19 L20

L21 L22 L23 L24 L25

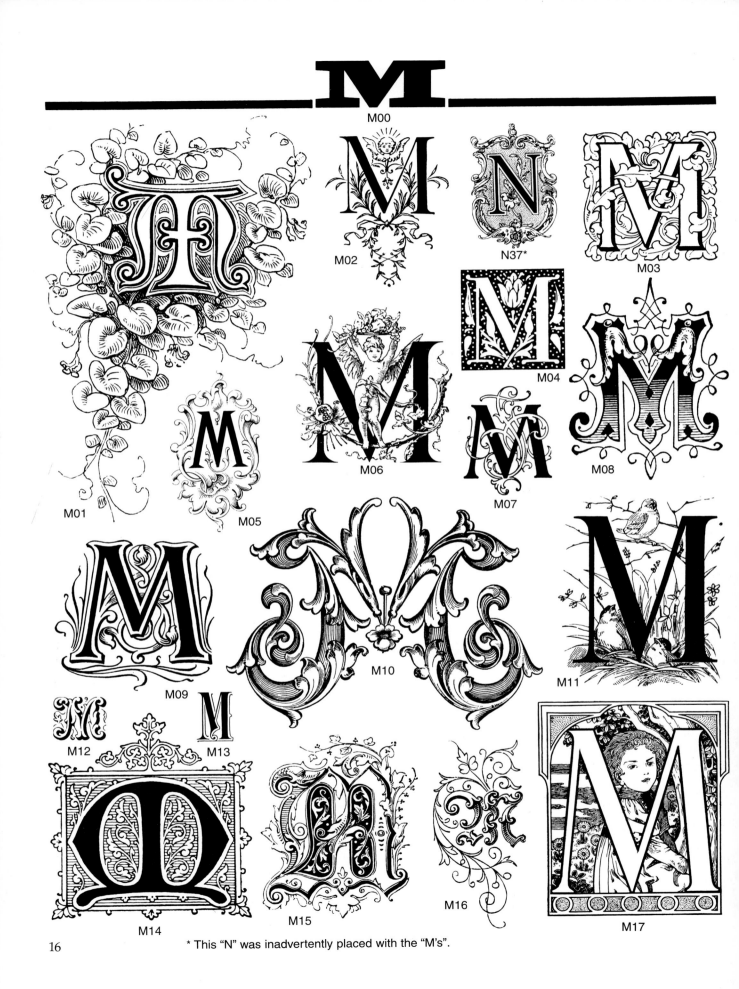

M00

M02

N37*

M03

M04

M06

M07

M08

M01

M05

M09

M10

M11

M12

M13

M14

M15

M16

M17

* This "N" was inadvertently placed with the "M's".

M18

M19

M20

M21

M22

M23

M24

M25

M26

M27

M28

M29

M30

M31

N00

N01

N02

N03

N04

N05

N06

N07

N08

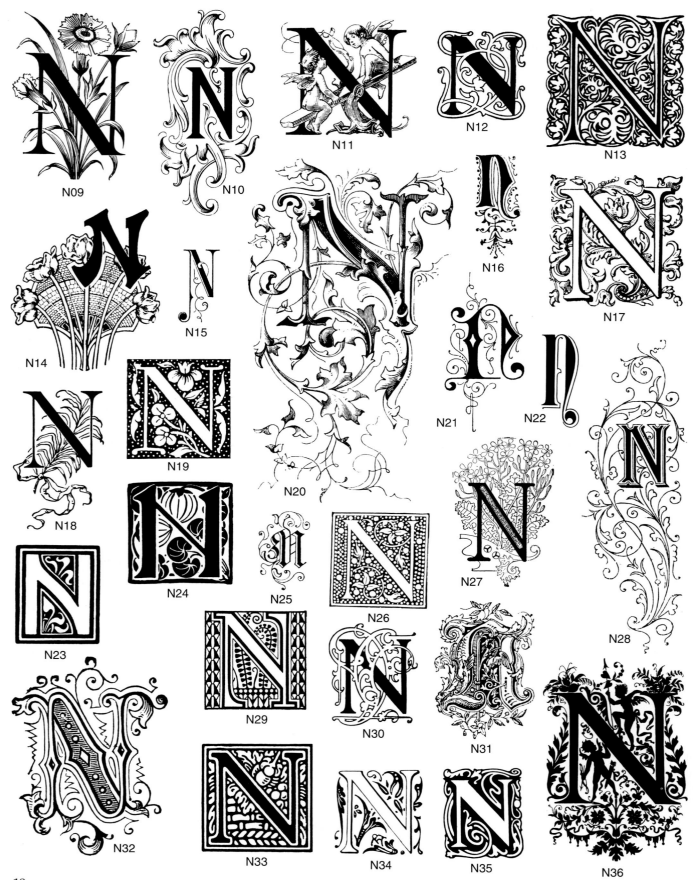

N09 N10 N11 N12 N13 N14 N15 N16 N17 N18 N19 N20 N21 N22 N23 N24 N25 N26 N27 N28 N29 N30 N31 N32 N33 N34 N35 N36

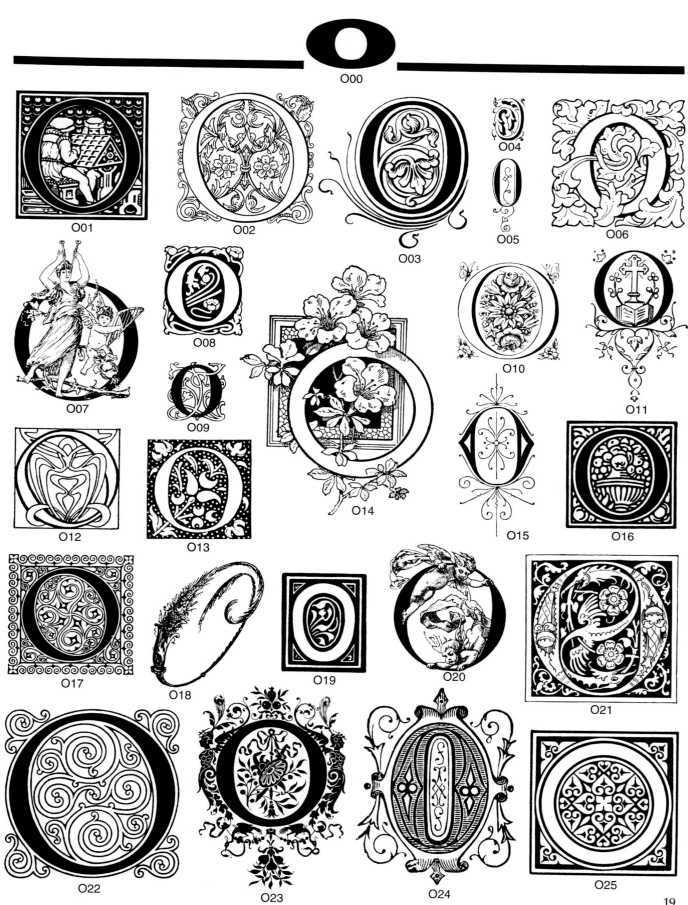

O00

O01

O02

O03

O04

O05

O06

O07

O08

O09

O10

O11

O12

O13

O14

O15

O16

O17

O18

O19

O20

O21

O22

O23

O24

O25

P00

P01

P02

P03

P04

P05

P06

P07

P08

P09

P10

P11

P12

P13

P14

P15

P16

P17

P18

P19

P20

P21

P22

P23

P24

P25

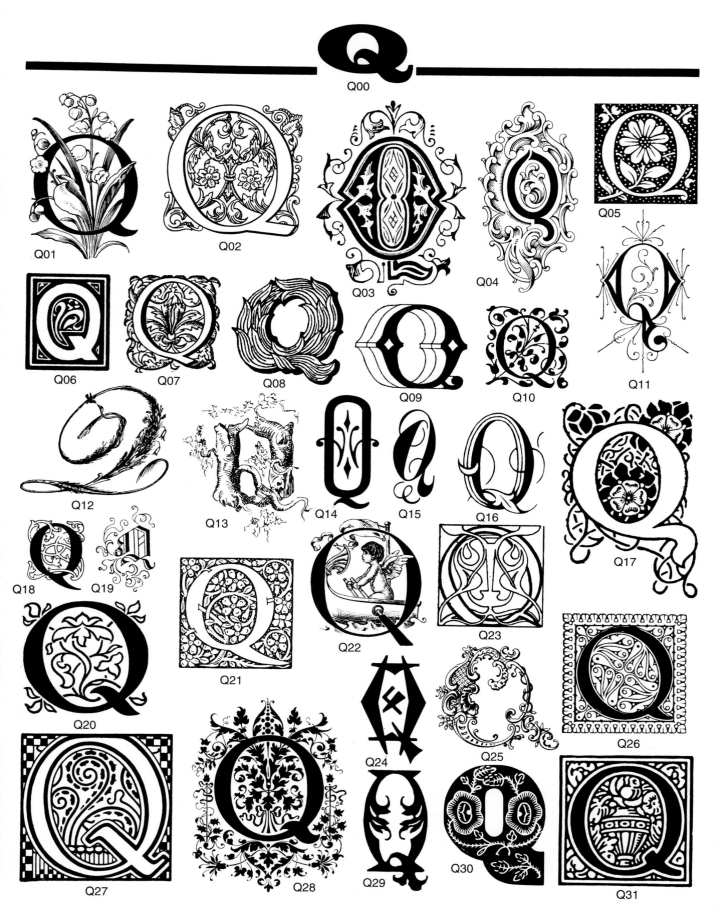

Q00
Q01
Q02
Q03
Q04
Q05
Q06
Q07
Q08
Q09
Q10
Q11
Q12
Q13
Q14
Q15
Q16
Q17
Q18
Q19
Q20
Q21
Q22
Q23
Q24
Q25
Q26
Q27
Q28
Q29
Q30
Q31

R00
R01
R02
R03
R04
R05
R06
R07
R08
R09
R10
R11
R12
R13
R14
R15
R16
R17
R18
R19
R20
R21
R22
R23
R24

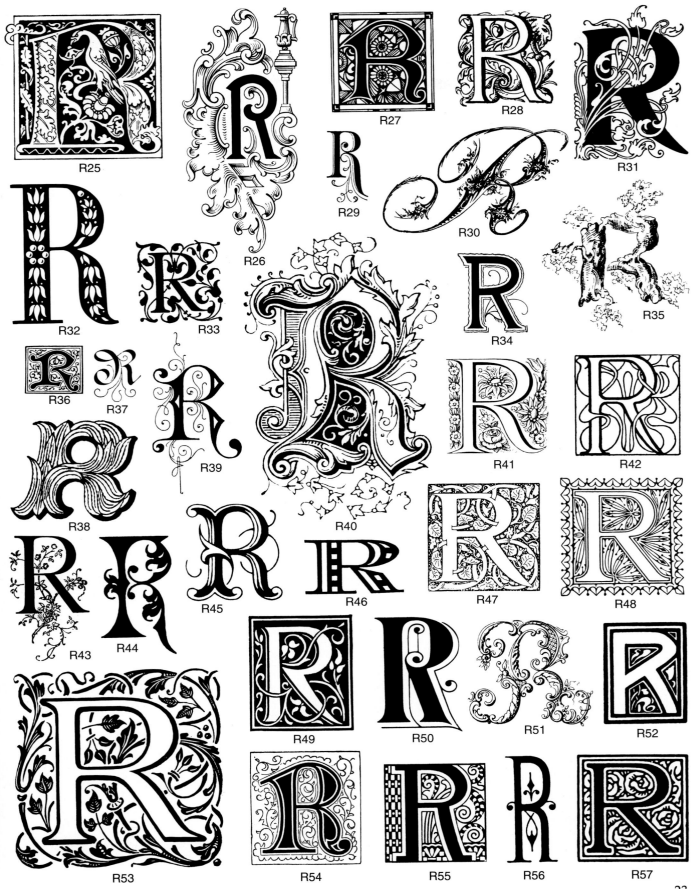

R25 R26 R27 R28 R29 R30 R31 R32 R33 R34 R35 R36 R37 R38 R39 R40 R41 R42 R43 R44 R45 R46 R47 R48 R49 R50 R51 R52 R53 R54 R55 R56 R57

S00

S01

S02

S03

S04

S05

S06

S07

S08

S09

S10

S11

S12

S13

S14

S15

S16

S17

S18

S19

S20

S21

S22

S23

S24

S25

S26

S27

S28

S29 S30 S31 S32 S33 S39 S34 S35 S36 S37 S38 S40 S41 S42 S43 S44 S45 S46 S47 S48 S49 S50 S51 S52 S53 S54 S55 S56 S57 S58 S59 S60 S61 S62 S63 S64 S65

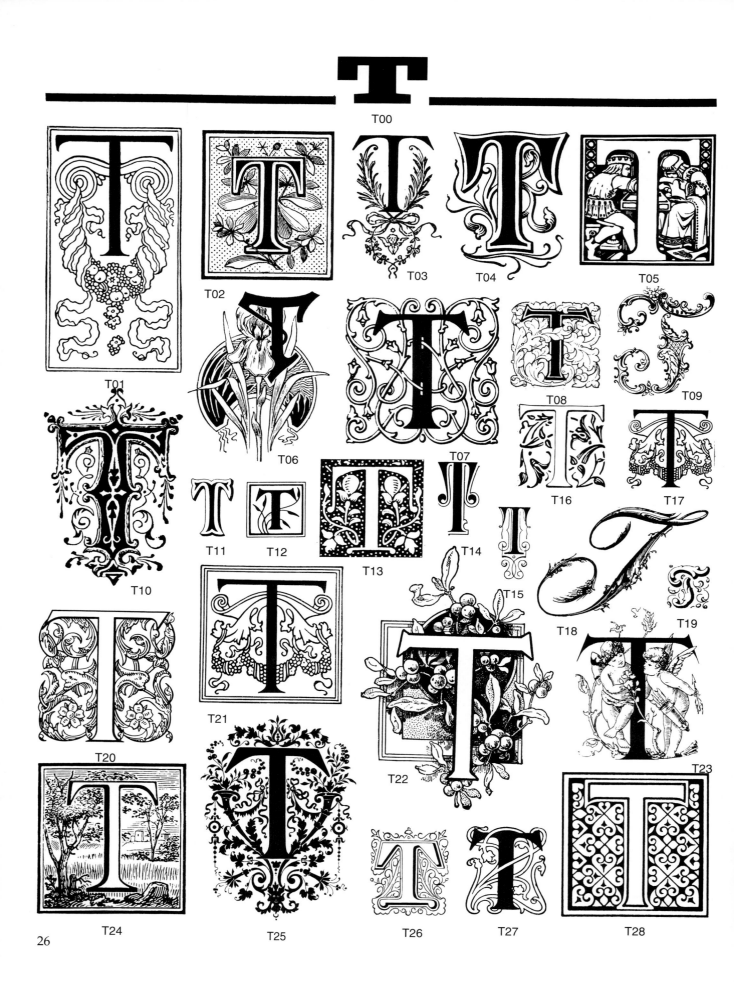

T00

T01

T02

T03

T04

T05

T06

T07

T08

T09

T10

T11

T12

T13

T14

T15

T16

T17

T18

T19

T20

T21

T22

T23

T24

T25

T26

T27

T28

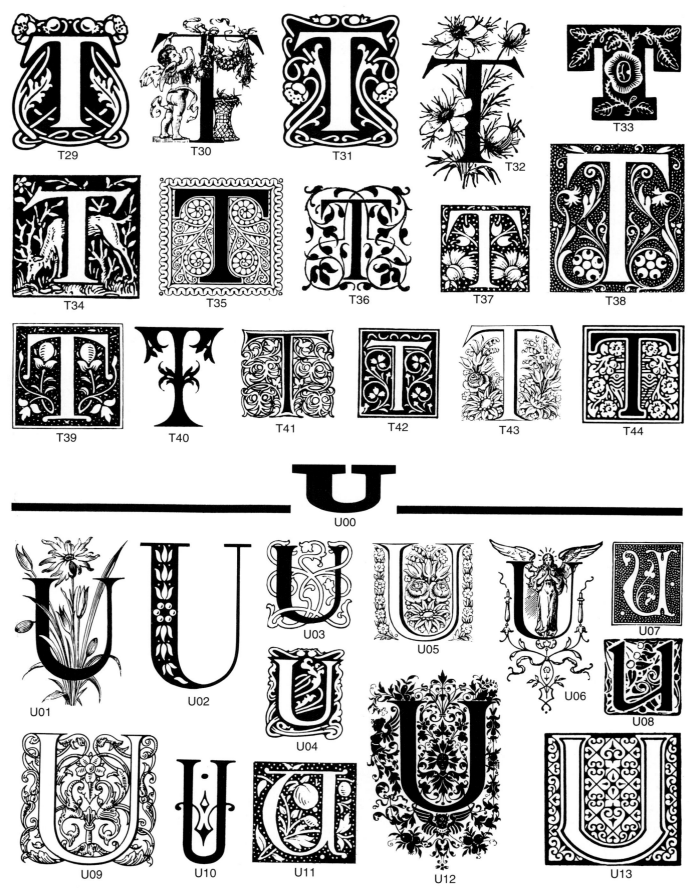

T29 T30 T31 T32 T33
T34 T35 T36 T37 T38
T39 T40 T41 T42 T43 T44

U

U00

U01 U02 U03 U04 U05 U06 U07 U08 U09 U10 U11 U12 U13

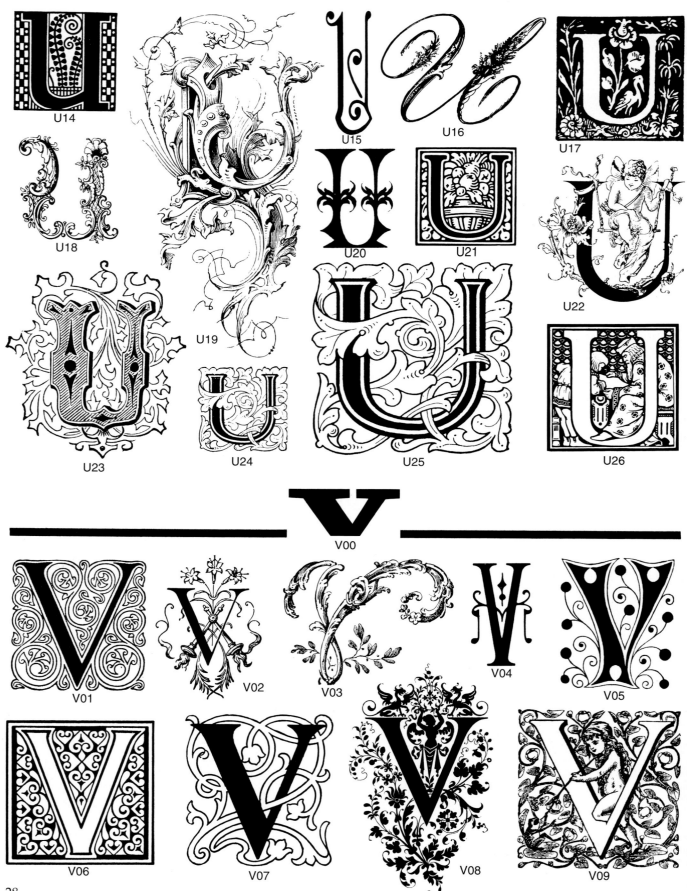

U14

U15

U16

U17

U18

U19

U20

U21

U22

U23

U24

U25

U26

V00

V01

V02

V03

V04

V05

V06

V07

V08

V09

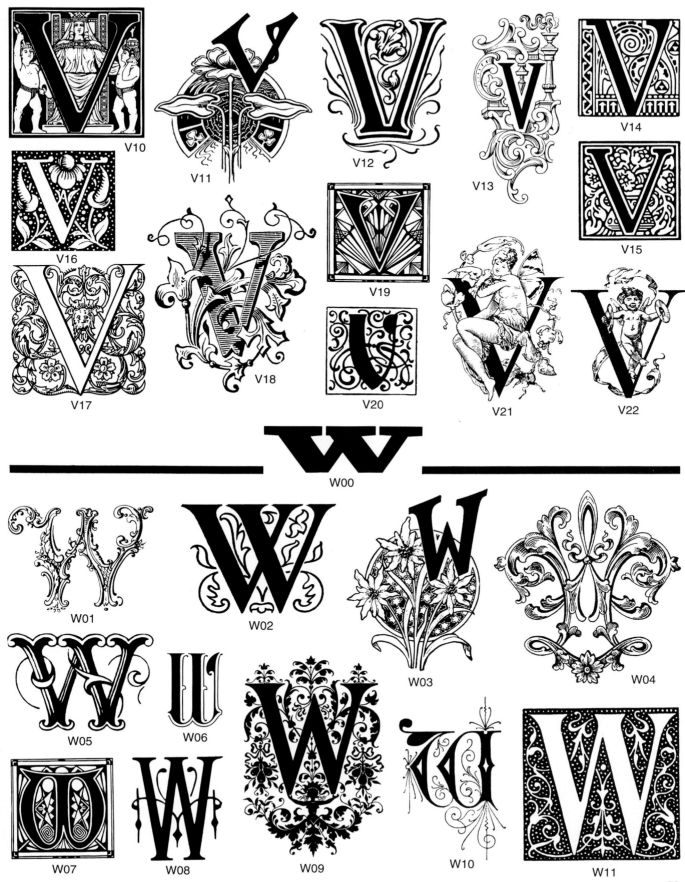

V10

V11

V12

V13

V14

V15

V16

V17

V18

V19

V20

V21

V22

W00

W01

W02

W03

W04

W05

W06

W07

W08

W09

W10

W11

W12 W13 W14 W15 W16

W17 W18 W19 W20 W21

W22 W23 W24 W25

W26 W27 W28 W29 W30

X00

X01 X02 X03 X04

X05 X06 X07 X08 X09

X10 X11 X07 X12 X17 X16 X18

X13 X14 X15

Y00

Y01 Y02 Y03 Y04 Y05

Y06 Y07 Y08

Y09 Y10 Y11 Y12

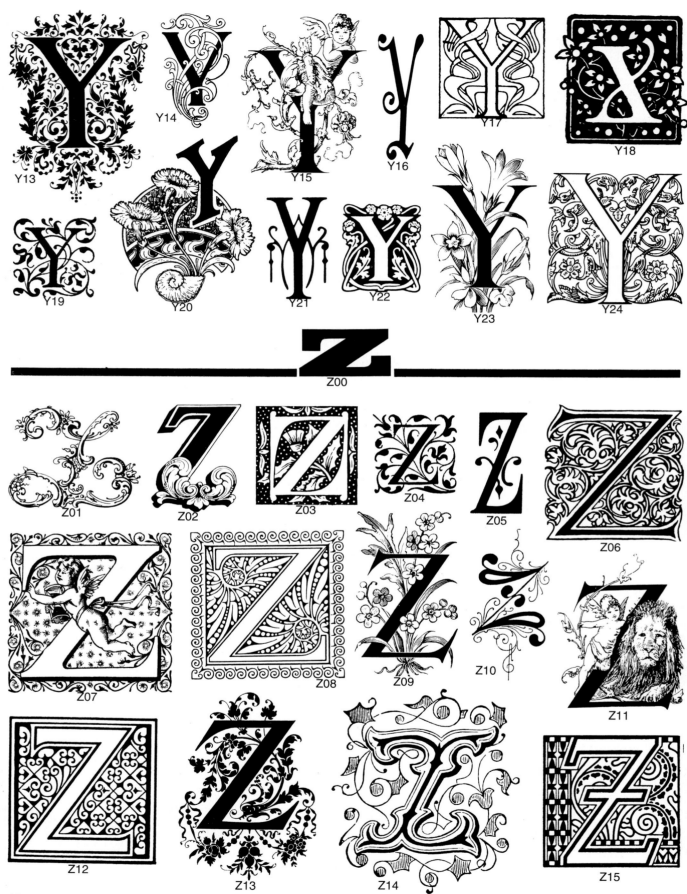

Y13

Y14

Y15

Y16

Y17

Y18

Y19

Y20

Y21

Y22

Y23

Y24

Z00

Z01

Z02

Z03

Z04

Z05

Z06

Z07

Z08

Z09

Z10

Z11

Z12

Z13

Z14

Z15